居斯塔夫·卡塞尔：汇率

[韩]承志宏 著
[韩]吴成满 绘
吕 炎 译

经典经济学
轻松读

中国科学技术出版社
·北京·

Currency by Gustave Cassel
©2022 Jaeum & Moeum Publishing Co.,LTD.
|주|자음과모음
Devised and produced by Jaeum & Moeum Publishing Co.,LTD., 325-20, Hoedong-gil, Paju-si, Gyeonggi-do, 10881 Republic of Korea
Chinese Simplified Character rights arranged through Media Solutions Ltd Tokyo Japan email:info@mediasolutions.jp in conjunction with CCA Beijing China
北京市版权局著作权合同登记 图字：01-2023-1610。

图书在版编目（CIP）数据

居斯塔夫·卡塞尔：汇率 /（韩）承志宏著；（韩）吴成满绘；吕炎译. -- 北京：中国科学技术出版社，2023.8

书名原文：Currency by Gustave Cassel

ISBN 978-7-5236-0360-4

Ⅰ. ①居… Ⅱ. ①承… ②吴… ③吕… Ⅲ. ①汇率—研究 Ⅳ. ①F830.73

中国国家版本馆 CIP 数据核字（2023）第 220805 号

策划编辑	申永刚　于楚辰	封面设计	创研设
责任编辑	陈　思	责任校对	张晓莉
版式设计	蚂蚁设计	责任印制	李晓霖

出　　版	中国科学技术出版社
发　　行	中国科学技术出版社有限公司发行部
地　　址	北京市海淀区中关村南大街 16 号
邮　　编	100081
发行电话	010-62173865
传　　真	010-62173081
网　　址	http://www.cspbooks.com.cn

开　　本	787mm×1092mm　1/32
字　　数	52 千字
印　　张	5
版　　次	2023 年 8 月第 1 版
印　　次	2023 年 8 月第 1 次印刷
印　　刷	大厂回族自治县彩虹印刷有限公司
书　　号	ISBN 978-7-5236-0360-4 / F·1184
定　　价	59.00 元

（凡购买本社图书，如有缺页、倒页、脱页者，本社发行部负责调换）

序言

1990年民主德国(东德)和联邦德国(西德)经济统一时,东德人民可以按1∶1的比例把手中的货币兑换成西德马克,最多可兑换4000马克。4000马克以上的部分可根据当时的官方汇率,按1∶2的比例折换成西德马克。但事实上,东、西德马克的购买力是1∶4,西德马克的价值明显高于东德马克。但是为了减轻统一的阻力,西德决定承受经济损失。如果全世界都这样,将会产生很多问题,因此,应该以更合理的方法确定汇率。那么如何计算出合适的汇率呢？答案可以参考瑞典的经济学家卡尔·居斯塔夫·卡塞尔（Karl Gustave Cassel）于1918年提出的购买力平价理论（purchasing power parity）。

第一次世界大战后，购买力平价理论为确定国家间的汇率提供了很大帮助。如果战争长时间持续，就不可能进行正常的贸易和资本流动。而且战争期间，外汇的需求和供给是不正常的，所以战后很难根据外汇的供需来决定汇率。在这种情况下，卡塞尔主张"汇率应该取决于两国货币内在购买力的比率"。即，如果货币价值在于该货币的购买力，那么本国货币和外币之间的交换比率——汇率应该取决于各货币购买力之间的比率。也就是说，物价水平

独家访谈 | 居斯塔夫·卡塞尔

提倡购买力平价理论的瑞典经济学家

今天,以"购买力平价理论"而闻名的居斯塔夫·卡塞尔老师为大家介绍"汇率"。在开始之前,我们邀请了卡塞尔老师进行采访。

记者: 听说老师您1866年出生于瑞典首都斯德哥尔摩。您也是在那里读的大学吗?

居斯塔夫·卡塞尔： 是的。我的童年是在那里度过的，我在世界一流大学——瑞典乌普萨拉大学（Uppsala University）学习了数学。然后去德国留学，学习经济学。结束学业后又重返瑞典，1903—1933年在斯德哥尔摩大学担任经济学教授。

记者： 原来如此。但是听说您有些和其他瑞典经济学家们不同的见解。

居斯塔夫·卡塞尔： 也可以这么说。一般提起瑞典经济学家，就会想起斯德哥尔摩学派的创始人维克塞尔（Wicksell）和他的接班人埃里克·罗伯特·林达尔（Erik Robert Lindahl），以及纲纳·缪达尔（Gunnar Myrdal）。

他们主要关注贫困问题，缪达尔也反对主

流经济学。但是我持有不同看法。特别是对缪达尔主张的利用财政手段的反循环政策持有批判态度，因此有人评价说我保守。

记者： 您认为您最具代表性的贡献是什么？

居斯塔夫·卡塞尔： 虽然不好意思直说，但我认为是主张通过观察来确认需求，反对边际生产力理论，我认为这是对奥地利学派理论的延伸。这话有些难懂，对吧？由于现在时间不够，没办法解释透彻，如果有机会，在接下来的内容中会有进一步说明。

记者： 好的。能谈谈您的代表作《1914年以后的货币与外汇》(*Money and foreign Exchange* *after 1914*）吗？

居斯塔夫·卡塞尔：《1914年以后的货币与外汇》涉及的是第一次世界大战至战后复兴时期的国际外汇问题。我在1920年在比利时布鲁塞尔由国际联盟召开的国际金融会议上公开发表了关于外汇问题的报告，这本书就是这份报告的拓展。（国际联盟：1920年，根据美国总统威尔逊的倡议，出于促进国际和平与合作的目的，建立的国家联合体。后因联合国的成立，国际联盟于1946年解体。）

记者： 本书的重点内容是什么呢？

居斯塔夫·卡塞尔： 这本书的重点是，从"在当今的货币管理制度下，货币的价值（购买力）取决于什么？"这一问题出发，基于第一次世界大战前后的实际经验得出结论：一个国家的货币购买力取决于国内的货币供应量。如果确定了国内的货币价值，即购买力，就能确定以此为基础的国际外汇比率，即汇率。这就是"购买力平价理论"的核心。(货币管理制度：指一种货币制度，在该制度下，货币发行额与一个国家拥有的黄金量无关，而是由货币当局在判断出最适合国民经济发展的货币范围后自由决定。)

记者： 能谈谈当时提出购买力平价理论时的外汇状况吗？

居斯塔夫·卡塞尔： 一直到第一次世界大战之前，大多数国家都在使用金本位制，将本国货币与黄金价值挂钩。该制度下，各国银行发行有法定含金量的纸币，国际上根据各货币含纯金的数量规定兑换比率，即按照和黄金的兑换比率制定汇率。这样一来，贸易的不均衡随着黄金的流入流出以及各国的物价变动而自动调节。

记者： 那么金本位制度应该没有什么大问题，为什么会崩溃呢？

居斯塔夫·卡塞尔： 由于第一次世界大战引发的混乱，经济状况发生了很大变化。世界各国依次脱离了金本位制。其结果是各国暂时采用了浮动汇率制，货币与黄金脱钩。

记者： 不以黄金为基准的货币之间如何决定兑换比率？

居斯塔夫·卡塞尔： 购买力平价理论正是回答这个问题的。也就是说，一个国家货币的国际价值是以该货币在国内所具有的购买力为标准来衡量的。简单来讲就是以可以购买的财物和服务的量相同为基准而制定汇率。当然了，并不是说现实中制定的汇率总是可以反映实际的购买力。但是从长远来看，我认为是普遍成立的。只通过简单采访来解释会有点难以理解，后文会有更详细的说明。

记者： 好的。请讲一下您在第一次世界大战以后都进行了哪些活动。

居斯塔夫·卡塞尔： 并没有什么了不起的活动。1920年我参加了在比利时布鲁塞尔举办的国际金融会议，发表了有关世界货币问题的报告，1928年我在美国进行了有关货币问题的演讲。1933年我成为伦敦世界经济会议的代表。此后，我写了多本书，并发表了一些经济理论。本书会重点介绍我的汇率思想。

记者： 您进行了好多活动啊。您太谦虚了。采访结束之前，您对读者有什么寄语吗？

居斯塔夫·卡塞尔： 有的。大多数人都觉得汇率问题很难。当然了，只通过一次采访很难解释清楚全部问题，但是只要稍微进一步学习一下，就会明白这是一个非常有趣的概念。另外，这也和我们的日常经济活动密切相关，希望各位能通过这本书有所收获。

记者： 好的。谢谢您的教诲。

以上是来自记者的采访。

第一章　什么是汇率 / 1
汇率——两国兑换货币的比率 / 3
汇率的表示方法 / 11
在海外明智消费 / 15
扩展知识 | "美元"的由来 / 19

第二章　汇率的确定 / 23
外汇的供求 / 25
汇率制度的分类 / 33
汇率的历史 / 38
扩展知识 | 不需要汇率的欧洲货币，欧元 / 49

第三章　汇率为什么变动 / 53
汇率是在何处被确定的 / 55
汇率随美元的供求而变动 / 57
汇率随银行贷款而变动 / 65
引起汇率变动的其他因素 / 67
扩展知识 | 什么是汇率优惠 / 73

第四章　汇率变动对经济的影响 / 79

汇率上升、汇率下降 / 81

汇率带来的外汇需求与供给 / 85

汇率变动与国际收支 / 92

汇率变动对整体经济的影响 / 98

汇率变动与外债偿还负担 / 100

扩展知识 ｜ 汇率上升的威力 / 103

第五章　确定汇率的相关理论 / 109

购买力平价理论 / 111

巨无霸指数 / 113

星巴克指数 / 119

利率平价理论 / 120

汇率变动带来的个人与企业损益 / 122

规避汇率风险的远期外汇交易 / 125

扩展知识 ｜ 汇率万花筒 / 131

结语　汇率是学习经济的开始 / 135

第一章

什么是汇率

目前，世界外汇市场上每天有3万亿美元左右的外汇被交易。下面让我们了解一下，外汇是根据什么基准进行交易的，其概念及表示方法是什么，并学习一下汇率是在哪里、如何被确定的。

汇率——两国兑换货币的比率

有很多人认为汇率理论很难，这其实是一种偏见。从现在开始，我会仔细给大家讲解汇率系统背后的逻辑。

在全球化时代，与他国的交易在一个国家的经济中占有重要地位。但是，

> 当今，无关国界，全世界保持一个统一的经济秩序。

外国无法使用本国货币，所以需要换成对应国家的货币。目前，美元是世界各国货币的基准

货币,因此,把美元视为代表性国外货币来陈述会更方便。那么,各国的货币是以什么为基准进行交换的呢?

努力工作的蚂蚁生平第一次开始世界旅行,首先来到了兔子国。转悠了一会儿后,感到口渴的蚂蚁进入了一家店,点了一瓶汽水并支付了1000元。店主一脸荒唐地说道:

"不是,这不是蚂蚁国的货币吗?在这里要用兔子国的货币才行啊!"

"是吗?我是第一次出国旅行,只带了蚂蚁国的货币,这可怎么办呢?"

"那就没办法了。要是用蚂蚁国的货币,请再多付1000元。"

"啊?在蚂蚁国,汽水是1000元。为什么这里让我付2000元？"

"哎呀！汇率就是这样，我能怎么办？"

"汇率是什么？"

"汇率是指一个国家的货币与他国货币进行兑换的比率。有了汇率，国家间的贸易往来才能有序进行。依照现在的汇率，蚂蚁国的1000元相当于兔子国的500元。所以蚂蚁国的2000元，才相当于兔子国的1000元。"

蚂蚁听完店主的解释，支付了2000元。走出店后，蚂蚁了解了一下其他国家的汇率，决定去汇率较低的国家旅行。

正如这则故事中所讲，每个国家使用的货币都不同。比如说韩国使用"韩元"，美国使用"美元"。如果要使用不同的货币进行交易，就需要准确的基准。下面让我们通过韩美贸易的情况来仔细了解一下。

在韩国2万韩元一盒的辛奇①，在美国会卖多少钱呢？

"首先要了解的是2万韩元相当于多少美元。"

> 为了交换不同的货币，应该制定兑换比率，这时就需要"汇率"这一概念。

是的。与其他国家进行贸易时，两国的不同货币可能会成为绊脚石。为解决这一问题，只需确定两国货币的兑换比率就可以了。例如，确定"1美元相当于1000韩元"的比率，这样一来，1美元与1000韩元就能互换了。大家现在理解汇率的意义了吧。

---

① 辛奇：一般指韩国泡菜，2021年7月22日，韩国文化体育观光部将韩国泡菜的中文译名正式定为"辛奇"，相关修正案从2021年7月22日开始实施。——译者注

没错。汇率表示本国货币相当于多少外币。

换句话说,汇率是指在交换两国货币时使用的兑换比率。汇率在表示两国货币兑换比率的同时,也表示一个国家货币的对外价值。韩元兑美元汇率为1美元=1000韩元,意为1美

第一章 什么是汇率 7

元的价值是1000韩元，也意味着1韩元的价值为1/1000美元。

那么，正如上文所假设的，蚂蚁国的人要想去兔子国购买价值3000元的物品，应该怎么做呢？

"蚂蚁国的1000元相当于兔子国的500元，所以把蚂蚁国的6000元换成兔子国的3000元就可以买东西了。"

没错。同样，美国人到韩国济州岛来玩，也要在银行把美元兑换成韩元使用。这样才能在餐厅买食物或是在商店买济州岛特产。大家去其他国家旅行的时候，也要把货币换成对应国家的货币。

那哪里可以换钱呢？

银行就提供换钱服务。银行可以将大家所

持有的本国货币兑换成外币，但是，根据汇率的不同，各位所能得到的外币量也会不同。假设1美元相当于1000韩元。这种情况下，如果把为了旅行而积攒的110万韩元兑换成美元，银行会支付给各位1100美元。

$$\frac{1100000}{1000}=1100（美元）$$

可将汇率视为用外币表示的本国货币的价值。再假设从1美元兑1000韩元上升到1美元兑1100韩元。各位能得到多少美元呢？

这意味着买1美元需要花更多的钱，这种情况下，韩币所能兑换到的美元变少了。即使持有等量的韩币，兑换到的美元却变少了，110万韩元只能兑换1000美元。与汇率上升之前相比，减少了100美元。

> 汇率随着进出口状况、物价等多种因素而浮动。

请记住，汇率上涨时去海外旅行需要花更多的钱。反之，当汇率下跌时，各位能得到更多的外币。汇率给我们的日常生活带来的影响就是这么大。

另外，汇率便于两国间进行贸易，也便于比较两国物价。例如，假设同样的帽子在美国是7美元，在韩国是14000韩元。假设1美元等于1000韩元，那么7美元换算成韩元就是7000韩元。所以，在美国售价7000韩元的帽子，在韩国卖到了2倍的价格。

像这样，汇率可以让我们了解相较于其他国家，本国物价是低还是高。

汇率的表示方法

现代社会经济迅速发展，国家间的贸易往来也越发活跃。各国拥有的资源不同，经济特性也不同。因此，通过交换可以实现利益共享。

那么我们周围正在进行的交换活动有哪些呢？

例如，部分国家的人力成本较低，相比之下，日本人力成本高，但电子产品研发技术先进。因此，可以利用日本的先进技术和其他国家较低的人力成本，以更低的价格生产电子产品后出口到全世界。韩国也正致力于通过这种方法减少人工费并提高价格竞争力。如此一来，买家以更低的价格购入，卖家也凭借具有价格竞争力的产品来获得更高的效益。

但是，各位知道在这整个过程中必须有汇率发挥作用吗？如果日本和其他国家交换劳动力和技术，那么日本就要向这个国家支付工资。由于其他国家不使用"日元"，所以要转换成其他货币支付。这时，日元与其他货币的交换需要一个标准，也就是我们所说的汇率。

正如上文所说，各国有各自的货币。各国货币的名称不同，符号也不同。韩国的货币是韩元（₩），美国的是美元（$），英国的是英镑（£），日本的是日元（¥），中国的是人民币（¥）。在欧洲，欧洲货币联盟成员国共同使用欧元（€）。

但在这些货币中，美元是国际经济或金融交易中最基本的货币。因此，

欧洲货币联盟成员国
共12个国家，分别是德国、法国、意大利、比利时、希腊、西班牙、爱尔兰、卢森堡、荷兰、奥地利、葡萄牙、芬兰。

美元被称为国际通用货币。所谓国际通用货币，是指国际金融交易或者贸易往来中通用的国际结算货币。除美元外，欧盟共同使用的欧元以及英国的英镑等也是国际通用货币。

汇率是两国间货币的兑换比率，其表示方法有两种。

一是为获得一单位外国货币，需要支付多少本国货币。这叫直接标价法（又称应付标价法）。

二是一定单位的本国货币折合多少外国货币。这叫间接标价法（又称应收标价法）。普遍使用第一种方法。

表1-1是世界主要国家的货币以及汇率。大家边看表格边了解一下各国的货币名称、符号以及汇率吧。

表1-1 世界主要国家的货币及汇率

国家	货币名称	标准符号	汇率
美国	美元（Dollar）	$	1美元=1116韩元
日本	日元（Yen）	¥	100日元=1193韩元
英国	英镑（Pound）	£	1英镑=1713韩元
欧盟	欧元（EURO）	€	1欧元=1495韩元
澳大利亚	澳大利亚元（Australia Dollar）	$	1澳元=1032韩元
加拿大	加拿大元（Canada Dollar）	$	1加元=1084韩元

注：以2023年3月14日中国人民银行公布汇率为准。

通过这个表格，我们可以得知日元汇率的表示单位稍有不同。

其他货币都是一单位外币兑本国货币的比率，但是日本不表示为1日元=11.93韩元，而是表示为100日元=1193韩元。

在海外明智消费

要在海外消费的话，预测汇率是件很重要的事。购物时的结算一般可以分为现金结算和信用卡结算。如果用信用卡结算，大约3天后确认货款，再从账户中扣钱。这三天非常重要。因为随着3天内汇率的涨跌，可能会蒙受损失也可能会获利。例如，假设结算时是100美元，但汇率3天内从1000韩元上升到1100韩元。那么，虽然实时结算时换算为10万韩元，但是3天后就会上升到11万韩元，最终结算日就会扣除11万韩元。

因此，在海外消费时，如果正好处于汇率上升期，比起使用信用卡结算，还

> 汇率上升期是指本国货币的价值相较于外币有所下降的时期。也可以理解为"本国货币贬值"。

第一章 什么是汇率

不如提前兑换好足够的外币后使用现金结算。鉴于大多数人出国前都会提前兑换许多外币，旅行之前也应当兑换好足够的外币。正如刚才所说，如果旅行期间汇率持续上升，出国前两天兑换外币时的汇率，刷信用卡之后确认结算时的汇率可能会产生很大差距。

> 汇率下降是指本国货币的价值相较于外币有所上升。也可以理解为"本国货币升值"。

那么，反之，如果是在汇率下降期呢？这种情况下，比起兑换外币的时期，直接使用本国货币的话汇率更低。例如，1美元兑换1050韩元，使用时汇率下降，1美元兑换950韩元。因此，这时最好用信用卡结算，以便于能够用更低的汇率。当然了，也要考虑各种手续费。信用卡结算要收取手续费，有人会说，那用现金结算岂不是更好吗？

当然了，使用信用卡结算要收取多种手续费，但还是比兑换外币时的手续费低。假设基本汇率是1000韩元，直接兑换外币时是1美元兑换1050韩元，使用信用卡结算时是1030韩元。但是也有一种情况，主要交易银行在兑换外币时可以减免手续费，因此兑换外币的手续费会更低。所以要斟酌哪种对自己更有利。

我们现在不如重新整理一下上文的内容？

要想在海外旅行中明智的消费，最好是汇率上升期使用现金结算，汇率下降期使用信用卡结算。

除此之外，还有其他需要注意的事。在海外使用信用卡结账时，外国店员可能会问你结算是以当地货币为基准还是以韩元为基准，这时一定要说以当地货币为基准进行结算。因为用韩元作为基准时，兑换程序中会追加手续费。由于销售商会抽走这些手续费中的一部分，所以店员会诱导消费者以韩元为基准进行结算。但是，要想减少费用，最好以当地货币为基准进行结算。

> 扩展知识

"美元"的由来

各国的货币符号通常是摘取英文中的首字母组成缩写。例如，表示韩元的"₩"就源于其英文"Won"的首字母"W"。日元的表示符号"¥"与字母"Y"相似。这是因为源于"Yen"。

但是，为什么美元符号"$"不是源于其英文单词首字母"D"呢？据说美元符号$是源于早期发现北美大陆的国家西班牙（Spain）的首字母"S"。当时美国普遍使用西班牙的银币，银币上刻有柱子。这些柱子立于直布罗陀海峡，是西班牙的象征，即赫拉克勒斯之柱。

另外，有传说"美元"一词起源于现在捷克东南部约阿希姆的一个山谷。1516年人们在该山谷发现了优质银矿，聚集于此形成山村，该地区被称为"山谷（das Tal）[①]"。自1520年起，开始用该地区产出的银制造银币，将其称为"亚阿西姆斯塔尔大古尔盾"（Joachimsthaler Guldergroschen）、"亚阿西姆斯塔尔银币"（Joachimathaler），或者简称"塔勒"（Taler）。据说该银币传播到世界各地，后成了现在的美元（Dollar）。

[①] 德语的"山谷"。——编者注

这个国家也太热了。连旅行都觉得累。
这瓶饮料多少钱？1000韩元？
1000韩元
这里是美国。当然得用美元了！
各国货币不同，所以需要通用货币。
美元$
为了进行交易，需要转换成他国的货币，这就是兑换外币。
此过程中，用本国货币兑换1美元的比率就叫作汇率。
1$
1000韩元
要想进口美产牛肉，需要了解汇率。
支付韩元
购入美元
支付购入的美元
进口牛肉
若汇率由1美元=1000韩元上升至1美元=1500韩元，则韩元价值下降，支付更多韩元才能兑换1美元。因此，汇率可以看作表示一个国家货币的对外价值。
500
1000韩元
1$
1$=1500韩元

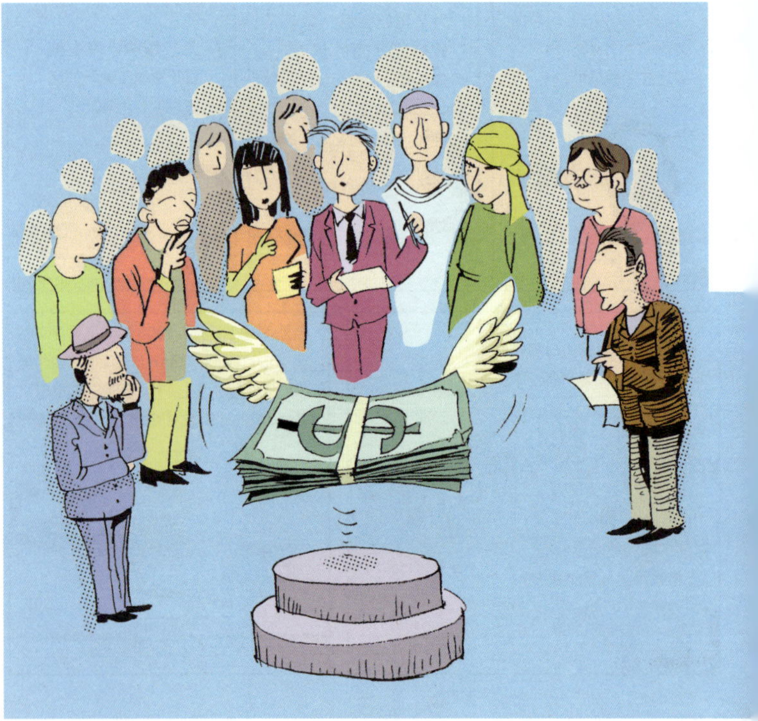

第二章

汇率的确定

汇率既指本国货币与外国货币的兑换比率，也表示外币的价格。和商品的价格取决于供求一样，表示外汇价格的汇率也取决于外汇市场上的供求。现在就一起详细了解一下吧。

外汇的供求

第二章开始了!现在大家都知道汇率是什么了吗?那我们来谈谈汇率是如何确定的。通常物资或服务的价格是根据什么法则来确定的?

供求法则。

是的。市场上的供求交汇点决定均衡价格

> **需求**
> 指打算以一定的价格购买某物资或服务的愿望。"物资"指大米、汽车等看得见的物品,"服务"指看不见的服务。
>
> **供给**
> 指卖家以定好的价格提供某种商品。因此,不收钱、无偿提供物资的行为不能称为供给。

第二章 汇率的确定

> 市场决定价格。需求量和供给量一致时的交汇点称为均衡价格,这时的交易量称为均衡交易量。

和均衡交易量。大家应该都知道,如果需求增加,比起供应的商品数量,欲购者更多,这就决定了新的平衡。

即使价格上涨,有需求的消费者仍会购买商品。那么,如果供给增加,价格会如何变化呢?因为供大于求,所以价格会下降。

没错。价格和资源分配取决于供求关系,这是市场原理。价格像无形的手一样调节市场,这一认知可以说是学习经济的核心和出发点。

那我们再来谈谈汇率的变化吧?

正如价格一样,汇率也取决于外汇的供求。这时,汇率起着表示外汇价格的作用。因为这是本国货币与外币的兑换比率,也是外币的价格。因此，正如商品的价格取决于市场上的供求关系一样，外汇供求曲线也和我们众所周知的供求曲线一样。如图2-1所示，外汇供求相等时就实现了外汇市场的平衡，这时形成的外汇价格就叫均衡汇率。在图2-1中，均衡汇率就取决于需求曲线和供给曲线相交的这一个点。

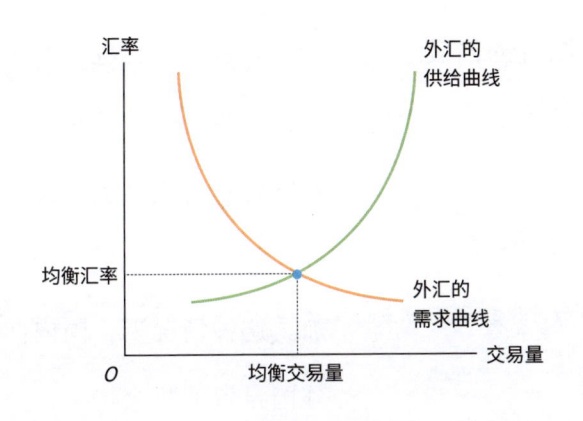

图2-1 外汇的需求曲线和供给曲线

什么情况下会产生外汇需求呢？

首先，如果本国有购入外国物品的需求，就会产生外汇需求。将想要购入外国商品的人称为进口商。用本国货币购买进口商品是行不通的。于外国人而言，韩币仅仅只是一张纸条罢了，这时就需要兑换外汇。因此，进口量如果增加，外汇需求就会增加，这成为汇率上升的主要原因。不仅是物品，想要购买外国股票或证券等资本商品时也会产生外汇需求。而随着数字金融时代的到来，与外国资本的交易更快更便利，外汇流动也进一步增加。这种情况下，国内向外国投资的机会增多，外汇需求也会增加。

> 随着市场的多样化，最近生产者、中介、消费者正利用无形的数码通信网进行交易。

其次,大家不妨猜一下,个人在什么情况下最常需要外汇呢?当然是海外旅行。这一点在第一节课中也讲过。

那么,什么时候会产生外汇供给呢?

进口商影响外汇需求,那么影响外汇供给的应当是出口商。

没错。企业向外国出口时,将商品卖到国外并获得外币,然后,需要将外币重新兑换成本国货币才能继续使用。在这个过程中,外汇被供应到国内。与之前所述的情况相反,如果外国投资者在国内资本市场投资,那么外汇就会流入,成为外汇供给。这反映了外国资本对国内资本市场的信任等多种因素。要记住,外国人在国内的投资变动对经济产生的影响很大。除此之外,外国人来国内旅行也是外汇供给的要因。那么外国人在什么情况下会常来国内旅行呢?

"本国货币对外币汇率上升时来本国旅游的人会增多。"

本国货币对外币汇率上升意味着某种外币升值,所以即使持有比原来更少的外币,也可以进行和之前一样的消费。因此,汇率上升时,虽然出国旅行减少,但是海外来国内的旅行变多。

到目前为止,我们已经了解了外汇的供求概念,现在让我们正式了解一下均衡汇率是如何确定的。表2-1以韩元对美元汇率为基础。

表2-1 外汇供需表

韩元	外汇需求量（美元）	外汇供应量（美元）
200	18	2
600	14	6
1000	10	10
1400	6	14
1800	2	18

将表中数字画成图表，得出如下需求曲线和供给曲线（图2-2）。均衡汇率是由需求曲线和供给曲线的交汇点决定的（图2-3）。

基于该原理，并参考图2-2、图2-3，可以得出均衡汇率。那么均衡汇率是多少呢？

因为均衡汇率取决于需求曲线和供应曲线的交汇点，所以可以得知是1000韩元。

回想一下一般的供求法则，并不难得出汇率。但是通过这种方式确定汇率并不是汇

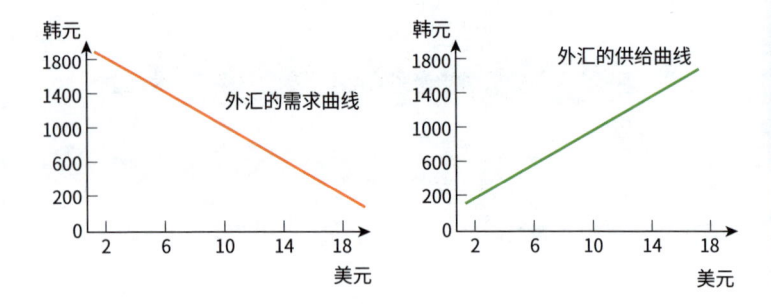

图 2-2 外汇（美元）的需求曲线和供给曲线

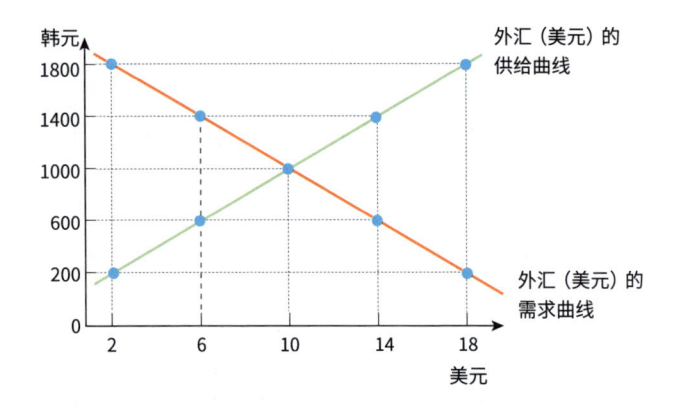

图 2-3 均衡汇率

率制度的全部内容。在这种情况下，汇率会像价格一样变动，所以被称为浮动汇率制。这是大多数发达国家采用的制度。那么，让我们详细地了解一下其他汇率制度吧。

> 韩国1997年12月经历了极其严重的外汇危机。从那时起，开始实行浮动汇率制。

汇率制度的分类

各国采用的汇率制度不同，确定汇率的方式也不同。前面我们研究的是浮动汇率制下确定汇率的原理。而汇率制度大体可以分为浮动汇率制和固定汇率制两种。

"固定汇率制"是指政府将汇率固定在一定水平。如果说浮动汇率制是指汇率像普通物价一样，随着外汇供求关系自由波动，那么固定

第二章 汇率的确定 ◆ 33

> 固定汇率制是指一个国家的政府不仅考虑进出口，还考虑到物价、经济发展、失业等众多变数而固定汇率。

1997年韩国金融危机
是指由于对外贸易中赤字不断扩大，短期内可以流动的外汇不足等各种原因，导致无法确保对外贸易中有足够的外汇，给国家经济带来致命性打击的现象。也称为"外汇危机"。

汇率制正好相反。

韩国在1945年后，最开始采用固定汇率制，随着经济条件的变化而持续变动，而以1997年韩国金融危机为契机，自1997年12月起，开始转换为浮动幅度无限制的浮动汇率制，一直延续至今。现在，包括韩国在内的大多数发达国家都在采用浮动汇率制。

有人会问，比起汇率来回变动，固定汇率制似乎更稳定更便利，为什么不持续使用该制度呢？

这是因为固定汇率制存在缺点。当然了，

第二章 汇率的确定

外汇投机

是指以获取因汇率波动而产生的差价为目的的外汇交易（用汇票、支票、单据等代替现金结算给远在他处的债权人，包括邮汇、银行汇款、电汇、国内汇兑、外汇等）的行为。

固定汇率制并不是只有缺点。先说一下它的优点吧。在固定汇率制下，汇率长时间不变动，人们无须考虑汇率是上升还是下降。另外，平时也不会有所谓的外汇投机行为，也就是不会利用汇率变动来赚取行市差价。并且由于汇率稳定，国家间的贸易也会变得活跃。如果汇率随着时间而变动，进口商和出口商之间必然会产生汇率损失。而固定汇率制解决了该问题，因此能够促进贸易往来。上述正是固定汇率制的优点。

那固定汇率制的缺点是什么？

前文提到过，汇率上升则出口增加了吧？因为汇率对各国间的贸易产生很大影响，所以可以说是很敏感的。但是，固定汇率制度下，某国为了促进出口，可以故意提高或保持高汇率。这可能导致国家间因为汇率而产生纠纷，也是个非常重大的问题。

那么浮动汇率制又有什么特点呢？

采用浮动汇率制的国家尽管不能实现汇率稳定，但可以通过货币政策促进物价稳定和雇佣市场稳定。但是要注意汇率的变动，如果误测了汇率的趋势，可能会产生贸易损失。

那么让我们来详细了解一下这种制度是如

> **货币政策**
> 是指通过增减货币量控制和调节国内经济的政策。包括利率政策、公开干预市场、变更存款准备金率等。
>
> **物价**
> 是指各种商品的平均价格水平，通过物价可以得知它们价格的综合水平。简单来讲，就是指"物品的价格"。
>
> **雇佣**
> 是指一个社会或一个国家为了生产经济物资或服务而投入的劳动力。

何发展的。

汇率的历史

·汇率的诞生——金本位制

曾经,黄金就是货币。当然了,现在黄金也是很好的结算手段之一,它本身就具有价值。金本位制是指以金的价值体现货币的价值。中央银行将金币作为货币发行,并让其在市场流通。但是由于不便于搬运且有被偷盗的风险,因此金币在市场流通倍受限制。因此人们很聪明地发行了和金币同等价值的辅助货币,

> **中央银行**
> 是指在国家的金融和货币政策中居于主导地位的银行。发行银行券,执行银行职能,作为国家银行,负责国库的出纳,并执行金融政策。
>
> **兑换**
> 所谓"兑换"是指转换为本位币(名义价值和实际价值一致的本位币。金本位制国家是金币,银本位制国家是银币,与外汇行情无关,作为国际货币流通)的行为。

使其作为"货币"通用。这时将银行券兑换成黄金就叫作兑换黄金，通用货币叫作可兑换货币。

> **产业革命**
> 是指自18世纪后半叶开始的100来年，欧洲生产技术发展，产生了巨大变化。机器的出现使手工业小规模生产转变为机器大生产。

1819年英国率先开始产业革命，其货币率先取代黄金。即英国的中央银行持有黄金，并将其换成英镑。当时英国将113格令（约7克黄金）兑换成1英镑。可以说这是国际贸易中产生汇率的开端。随后，其他国家也纷纷采用了金本位制。

·世界大战的爆发

但是，随着世界大战爆发，各国开始失去代理黄金的资格。这是因为，为了筹集战争费用，各国印了太多的钱。等于是中央银行拿不出钱，这样一来，必然会出现通货膨胀，钱的价值也会下降。据说当时在街上经常看到像扫垃圾一样扫钱、捡钱的情景。

> **通货膨胀**
> 是指货币贬值、物价持续上涨的现象。原本一千元就能买到的物品，现在要花费一万元甚至十万元。

给大家讲一个战争前后的故事。在德国有一对兄弟，哥哥努力工作攒钱，弟弟不工作，每天只喝酒。但是战争结束后，曾经努力攒钱的哥哥却因为货币贬值而变得贫穷，曾经每天只喝酒的弟弟通过卖空瓶子反而成了有钱人。这可以说是则让人笑不出来的"笑话"。

忍无可忍的英国于1914年宣布放弃金本位制。而后，在1925年和1931年，英国两次试图恢复金本位

> **贬值**
> 是指一个国家的货币对外价值下降。如果货币价值下降，购买外国货币就需要更多的本国货币，汇率就会上升。

制，都以失败告终。在1931年，英国宣布"即使有英镑，也没有可供交换的黄金了"。英镑的贬值也让金本位制再也无法建立了。随后，各国开始共同探索新的国际货币制度。

·布雷顿森林体系

1944年7月，44个同盟国聚集于美国新罕布什尔州布雷顿森林，商讨战后新的世界经济秩序。国际货币基金组织规定了"1美元=0.888671克黄金"这一新的固定汇率。

> **国际货币基金组织（IMF）**
> 是于1947年3月成立的国际金融机构，以确立国际货币和金融秩序以及扩大国际贸易等为目的。成员国共同设立基金，供各国使用。

即将美元定为国际货币，与黄金挂钩，其他国家的货币再与美元和固定汇率挂钩，间接实现黄金平价（gold parity）。这开启了英镑时代到美元时代的新篇章。可以说从那时起，以美国为中心的世界经济体系拉开了序幕。

·尼克松（Nixon）冲击

美国以美元和布雷顿森林体系成为世界经济霸主。世界经济就这样稳定了一段时间。但是尼克松政府因为越南战争以及同苏联展开的太空争霸战，出现了大规模赤字。当时美国和苏联是冷战的两极，美国在武器和科学技术方面领先于苏联。但是苏联成功发射世界上第一颗人造卫星斯普特尼克1号（Sputnik-1）后，美国受到了很大的冲击。这被称为"斯普特尼克（Sputnik）冲击"。美国以该事件为契机，开展了很多宇宙探测计划，在宇宙开发和军事扩张、教育等领域发展迅速。在这个过程中财政支出庞大。

为了弥补财政赤字，美国政府开始大肆印制货币。由于美元是国际货币，因此这样的行为极大影响了世界经济。美元过剩，其他国家也紧随其后大肆印制本国货币，加剧了通货膨胀。最终，英国忍无可忍，于1971年上半年向美国政府要求将30亿美元换成黄金，但尼克松于同年8月份宣布"没有可供兑换的黄金了"，美元与黄金脱钩。尼克松这一令人震惊的"耍赖宣言"被称为"尼克松冲击"。此后，以金本位制为基础的固定汇率制落下了帷幕。

·金斯敦体制

全世界一度陷入混乱。1976年国际货币基金组织在牙买加金斯敦解决了该问题，原有的体制随之迎来了新的转机。新体制最大的特点是，各国在外汇市场自由决定本国汇率。大多数国家自此采用了浮动汇率制。

在此之前，各国汇率都固定在黄金或美元上，但是随着浮动汇率制的实施，各国汇率开始取决于外汇市场上的供求关系。

> **混乱（anomie）**
> 源于希腊语，意为无法、无秩序的状态，指没有规范行为的共同价值和道德标准的状态。是法国社会学家埃米尔·杜尔凯姆（Émile Durkheim）提出的社会病理学的基本概念之一。

可以说从这时起，世界金融市场正式进入了不确定时代。

· **汇率，成为投机的对象**

近年来，银行和保险公司等企业抓住金融市场的不确定性，利用国际外汇行情，展开了"伪装成投资的投机"。各国货币成为投机的对象，据说，利用国际汇率行情的投机性货币交易额持续增加，实行浮动汇率制的第二年，也就是1973年，投机性货币交易额是4亿美元，但是1980年就达到了40亿美元，截至2010年已增至470亿美元。

汇率交易原本是为了不同货币间的结算，但是随着各国货币成了投机的对象，汇率行情开始变得不稳定。因为所有国家和投资者都面临着时时刻刻变化的外汇风险。为了消除这种外汇风险，远期外汇期权等衍生商品借此诞生。

外汇风险

是指随着外汇行情的变动而发生的风险。例如，持有欧元的情况下，如果欧元价值出乎意料地暴涨，韩元价值就会下降。因此，以欧元签订进口合同的企业必须支付更多的韩元，这就会蒙受巨大损失。

远期外汇

是指约定在将来的一定日期或期限内，按照一定的汇率交割一定外汇。期限一般为6个月，用于躲避汇率变动带来的风险或用于投机。

·热钱导致的经济危机

流动于投机市场的资金被称为热钱。随着这些短期流动资金四处流动,国际外汇行情日益不稳定,很容易发生名为"货币泡沫"的经济危机。

这种经济危机的产生,导致了对冲基金的出现。对冲基金是指拥有巨额资金的机构投资者可以利用巨额资金操控汇率行情。

在购入特定货币提高行情后,营造出其他投资者要买的错觉,使这类货币大幅脱离原来的货币价值,在货币价值达到最高点时一次性抛售购入的货币。低价购入的货币高价卖出,就能得到巨额的行市差额。当然了,该货币的价格会迅速下降。这被认为是可以任意摆布一个国家经济体制的恐怖存在。韩国已经在1997

年金融危机时期经历过这种恐怖。

·1978年提出托宾税

热钱风靡了整个90年代。据国际货币基金组织称，从1975到1997年的22年间，世界各地发生了158起货币危机。例如1997年的亚洲金融危机、1998年的俄罗斯金融危机、1999年的巴西金融危机、2001年的土耳其金融危机、2001年的阿根廷金融危机等。

由于这些经济危机出现，1978年诺贝尔经济学奖获得者詹姆士·托宾（James Tobin）提出的"托宾税理论"备受瞩目。

通过外汇、债券、衍生商品和财政交易提高巨大收益的国际投机资金（热钱）导致各国货币暴涨暴跌，进而引发货币危机。"托宾税理论"是为了防止该现象的发生而提出的规制方案。该方案是指短期流动资金每当越过国境时就征收"税",从而束缚投资者,也可以警示投资者。为的是防止货币泡沫现象的发生,并且可以预测热钱的流动路线。

扩展知识

不需要汇率的欧洲货币，欧元

有一种货币于2002年1月开始流通，并对美元世界第一通用货币的地位产生了威胁。这一货币正是"欧元"。欧元单指欧盟（European Union）的货币，是欧洲单一货币，符号为"€"。是为了激活欧洲经济而被制造出来的。代替了德国马克、法国法郎、意大利里拉等原有货币，成为欧洲统一货币。

欧元于1999年从虚拟货币开始，2002年首次正式在12个国家之间流通。当时约定使用欧元的国家分别是比利时、法国、德国、意大利、卢森堡、爱尔兰、希腊、葡萄牙、西班牙、芬兰、奥地利。2011年有17个国家,约3亿3000万人在使用欧元,至今已流通了10多年。欧元由总部设在德国法兰克福的欧洲中央银行管理。该货币由纸币和硬币组成,神奇的是,纸币和硬币上的一面所有成员国都是统一的,另一面却因国家而不同。这尊重了各国的民族特性。

正因如此,在欧洲各国往来时无须换钱。在法国使用的欧元在意大利也能使用,所以不用像以前一样,为了换钱而耽误时间和交手续费。也就是说,使用欧元的国家之间无须考虑汇率问题。

因为政府将汇率固定在一定水平，所以固定汇率制的优点是稳定。但是如果是为了本国利益而使用该制度，则可能因为汇率导致纠纷。
政府
汇率
固定汇率制
因此，近年来大多数发达国家在采用浮动汇率制。
汇率
浮动汇率制
浮动汇率制度下，外汇需求增加则汇率上升，需求减少则汇率下降。
汇率
汇率
由于汇率取决于外汇供求关系，所以汇率会随时变动。那么了解一下汇率制度的历史变迁吧。
扑棱
需求
汇率
供应
扑棱
扑棱
中央银行
开始了以黄金量为交换基准的金本位制。
中央银行
停！没有可供交换的黄金了。
最近各国的汇率成为贸易的基准。
浮动汇率制
浮动汇率制
变动
美国
英国

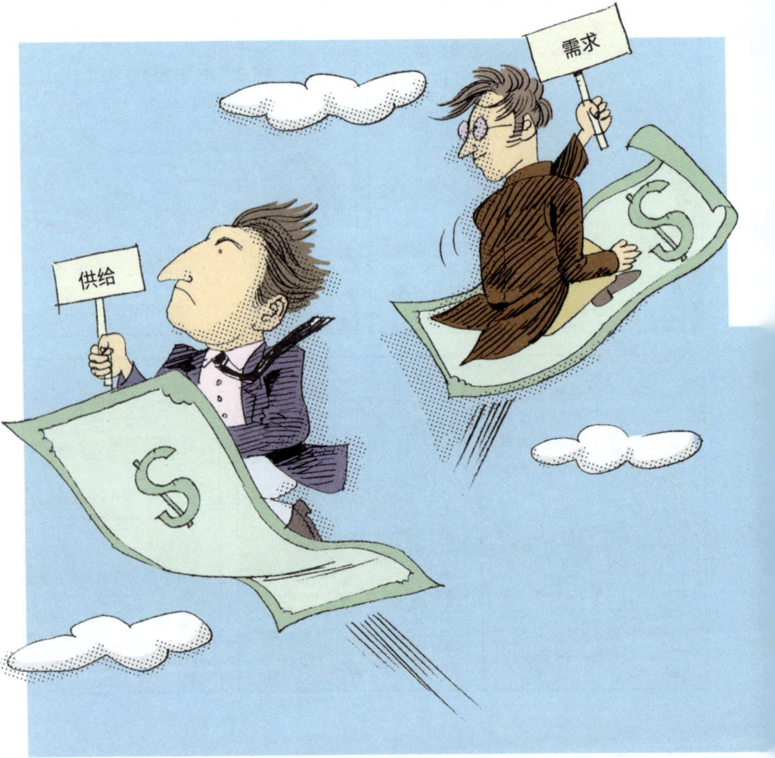
需求
供给

第三章

汇率为什么变动

　　确定汇率的供求关系随着一个国家的经济因素而变动。那么，一起了解一下影响汇率变动的因素有哪些吧。

汇率是在何处被确定的

前文详细介绍了汇率的确定取决于什么。汇率是由买卖美元、日元等外币的外汇市场确定的。银行、企业、中央银行等都加入了外汇市场,都有着各自不同的目的。除休息日外,外汇市场每天都开放,就像价格变动取决于普通市场的供求关系一样,在买卖货币的交易过程中,汇率也在时刻变化。

那么,什么是外汇市场?

外汇市场是指银行间的市场。也就是银行间买卖全球货币基准——美元的市场，汇率就是在这里被确定的。银行参与外汇市场主要是为了购买客户所需的外币，或者是为了出售从客户那里获得的外币。企业、个人等参与外汇市场是为了进出口贸易、海外旅行等，中央银行参与外汇市场是为了达到稳定外汇市场等政策性目的。外汇市场根据市场参与者的身份，分为银行间进行交易的银行市场及个人、企业等客户同银行之间进行交易的大客户市场。一般来讲，外汇市场就是指银行市场。

外汇市场，即银行市场的交易大多是在银行或外汇中间商的交易室进行的，而不是在证券交易所等特定场所。交易者在各自的交易室通过电话或电脑出示想要购买或出售的外币价格，达成一致的双方即可进行交易，每当达成交易时汇率就会发生变动。目前外汇交易最多的地方是纽约、伦敦、东京三大国际外汇市场。

个人或企业不能参与外汇市场，只能通过银行兑换。因为个人或企业兑换再多的外汇，也不会影响到外汇汇率，只能根据银行间交易中决定的汇率来买卖美元。

汇率随美元的供求而变动

影响汇率变动的因素有很多。汇率为什么会这样变动呢？基于浮动汇率制，汇率也会因政治社会因素、外汇投机等因素而变动，但是基本上是随着外汇市场上美元的供求变动而变动。

> 汇率随进出口状态、物价等多种因素而浮动。

正如第一章所说，汇率是与本国货币相比较的外国货币价格。如果美元汇率是美元的价格，那么美元供给增加则美元贬值，相反，美元供给减少则美元升值。

市场经济的原理也同样适用于外汇市场。

但是，对美元的供求产生最大影响的是经常收支。如果经常收支出现顺差，美元供给增多，那么美元价格下降，也就是美元汇率下降。

相反，如果经常收支出现赤字，美元供给减少，那么美元汇率上升。

那么什么时候美元需

经常收支

记录商品、劳务以及转账交易的账户被称为经常账户，该账户收入和支出的差额被称为经常账户收支。是指国际贸易中持续产生的收支差额。

顺差

是指收入大于支出，产生盈余。由于在表示盈余时常常用黑色墨水，所以称为黑字。反义词是赤字。

赤字

指的是支出大于收入所造成的损失额。由于常用红笔记录，所以称为赤字，可以用"亏损"来代替。

求会上升呢？正如之前学过的那样，如在海外购买商品并支付货款，外汇市场上就需要美元。最近很多父母将子女送去留学，并用美元交学费，这时就需要美元。另外，如果其他国家劳动力来本国工作，有时要以美元支付技术劳务的费用，也就产生了美元需求。除此之外，还有海外旅行所需的费用或用美元支付贷款利息等。

> **贷款利息**
> 指的是政府、企业、银行等从外国政府或公共机构借款，作为代价要支付一定比率的资金。

美元供给的上升则源于出口商品后收取货款，或者去外国工作获得报酬

> 出口汽车、船等，或者进口比重小的企业，如果汇率上升会获得巨大利润。

等情况。另外，外国游客来本国使用美元，或者外国人为了买本国股票而使用美元都会带来美元供给。

居斯塔夫·卡塞尔：汇率

进行这种国际贸易的结果是，如果美元供大于求，那么美元过剩，从而导致汇率下降。相反，如果供不应求，那么汇率上升。例如，外国人进口很多本国生产的手机，则美元供应在本国增多，这成为汇率下降的主要因素。另外，如果本国的利息水平高于外国，那么外国投资者为了获得更高的利息收益率，会给本国带来更多的美元。这同样会导致美元过剩，汇率下降。

相反，如果国际石油价格上涨，就必须在市场上购买美元支付石油进口货款，因此，会引起需求增加，汇率就会上涨。

如果预测今后汇率会持续下降，企业该如何应对？那么从外国获得美元后就必须立即通过银行抛售。假设某企业获得100万美元的出口货款，如果出口时美元汇率是1000韩元，但是到了结算出口货款时，汇率暴跌到500韩元，这种情况下，该企业如果现在兑换100万美元，就能拿到10亿（100万美元 × 1000韩元）韩元。但是如果再晚一点，可能只能拿到5亿（100万美元 × 500韩元）韩元。

那么如果企业预测汇率要下降，只有立即抛售才能避免损失。但是如果这种行为增多，市场上就会出现持续抛售美元的现象，最终会导致汇率暴跌。并且，不是只有出口商会这如此预测。如果进行外汇交易的大多数市场参与者做出相似预测，就会出现抛售更多美元的现象，从而使汇率进一步下跌。相反，如果预测汇率正在持续上涨或者今后会上涨，企业会怎么做？

企业会尽可能长时间地留住出口后获得的美元。只有这样，在汇率上涨后才能确保获得更多本国货币。因此，没有人愿意向市场抛售美元，最终导致美元不足，致使汇率进一步上涨。

那么进口商的预测会怎样影响汇率呢？

假设一家企业计划6个月后引进原油，进口后要用美元支付货款，站在进口商的立场，如果预测汇率上涨或者将会上涨，最好提前兑换美元。因为随着时间的推移，为了兑换等量的美元，需要支付更多的本国货币。由于所有进口商都这么预测，市场上就会立刻争相购买美元，这将扩大美元需求，导致美元价格上涨，即汇率上升。那么，相反的情况会是什么样？

如果预测汇率下降或者将会下降，最好等到进口时再兑换美元。这样一来，目前对美元的需求就会减少，美元价格会下降，也就是汇率会下降。面对相同的汇率浮动，进出口商的行动截然相反。如果预测汇率上升，进口商要在汇率上升前购进美元，这叫"提早收"，相反，出口商要在汇率上升完后再抛售美元，这叫"推迟付"。这将怎样改变美元的供求？进口商的购入会增加美元需求，相反，出口商的推迟抛售会减少美元供给。最终美元的价值会大幅上升，也就是汇率会大幅上升。整理一下就是，企业会通过进出口来影响

购进
是指买入某东西，反义词是"抛售"。

汇率，对汇率的预测会使企业做出相应的经济行为，而这又极大影响外汇市场。

汇率随银行贷款而变动

本国银行和借款人的行动也会对汇率产生影响。那么银行是如何从中赢利的呢？

简单来讲，就是从某人那里借钱，再借给别人，以此赢利。银行将向外贷款的利率提高，高于借来款项时的利率，以此赚取差额。以吸纳存款的形式借钱，再以贷款形式放款。这种情况下，银行要想获得更多收益，就要尽可能以低价筹措资金。此时，海外

借款人

借来钱或东西叫作"借入"。所以"借款人"指贷款的人也就是借钱的人。

利率

指本金的利息比率。也就是将按期支付的利息以占据本金比例的方式表示出来。包括均衡利率、短期利率、市场利率等。

贷款就成为一个重要渠道。

例如，假设按目前利率，1美元能兑换1000韩元，但一年后跌至500韩元。此时，一家银行以在某家外国银行借贷一年为条件，筹措了1000万美元。该银行在外汇市场将钱兑换成100亿韩元（1000万美元 × 1000韩元）后，借给企业。1年后，该银行从企业那里获得100亿韩元的贷款还款。这时，再将这些钱换成1000万美元偿还给外国银行。但是，假设此时就像银行预测的那样，汇率跌至500韩元。此时，要想偿还1000万美元，只需50亿韩元（500韩元 × 1000万美元）。企业偿还给银行的100亿韩元中，只需将50亿韩元兑换成美元，就可以偿还从外国银行借的1000万美元。

那么，即使还给外国银行1000万美元，企业还剩下50亿韩元。

再加上在外国贷款时的利率及给企业放贷时的利率差，银行的收益会更大。最终，该银行只是从外国银行贷款一年，然后再借给其他企业而已，就收获了这么大的收益。

引起汇率变动的其他因素

除去目前为止所讲的因素，还有很多导致汇率变动的因素。一个国家的物价水平、经济增长率、货币量和利率等都是引起汇率变动的因素。举个例子，如果本国物价高于外国的话会怎么样呢？

本国出口商品的价格会变高。这样一来，该商品在国外的售价就会上

> 国际资本流动也是引起汇率变动的主要因素。因为，如果外国资本大量涌入，汇率就会下跌，如果外国资本大量撤离，汇率就会上升。

升，导致出口量减少。与此对应的是，进口商品的价格降低也会影响进出口。比起通过出口赚取的外汇资金，支出的外汇更多，外汇变得珍贵，导致汇率上升。另外，也有本国物价比外国物价上涨得更多得时候，这意味着今后本国货币的价值会下降，所以外汇市场上对本国货币的需求会减少。在这种情况下，汇率会上升。

让我们整理一下物价引起汇率变动的相关知识。假设所有物品的价格都上涨了200万韩元，此时200万韩元的价值就等同于之前100万韩元的价值。100万韩元的价值也不过是等同于以前的50万罢了。这样一来，即使是与外国货币相比，韩元也是贬值了。因为，如果说以前1000韩元能兑换1美元，那现在2000韩元才能兑换1美元。这就意味着从1美元=1000韩元变成了1美元=2000韩元，也就是汇率上升了。像这样，就等于物价上升，那汇率也随之上升。

货币量也影响物价变动。如果本国国内货币量增加，那么货币贬值，导致物价上涨。最终，物价上涨就导致汇率上升。

> **货币量**
> 指在一个国家的经济体系中，一定时期内流通的货币数量。

国内的利率水平也是影响汇率变动的因素。如果本国的利率水平高于外国，为了获得更高的利息收入，外国投资者就会涌向本国银行存款。这会导致外汇供给增加。那么汇率会发生怎样的变动呢？

没错，汇率会下降。在国际外汇市场上，预测到国家间利率差异和汇率变动的投机交易

70 ◆ 居斯塔夫·卡塞尔: 汇率

也导致汇率不稳定。这一点在讲浮动汇率制时已经提到过了。除此之外，政治、社会因素也影响汇率。比如，政治稳定的国家的货币价值会相对升高，相反，政治不稳定的国家的货币可能价格会相对下降。不仅如此，国家间产生纠纷导致国际局势动荡时，安全性较高的美元会有升值的倾向。

那么让我们整理一下目前所学到的影响汇率变动的各种因素吧？先说一下导致汇率下降的因素吧。有经常性收支顺差、企业预测汇率会下降、海外贷款增加、外商投资增加、利率上升、物价下降和财政顺差等。

那么，反过来又有哪些因素引起汇率上升呢？经常性收支逆差、企业预测汇率会上升、外商投资减少、利率下降、物价上升、财政赤字等。

引起汇率变动的因素不一定只起到一种作用，即使是相同的因素也会起不同的作用。

扩展知识

什么是汇率优惠

小明决定这个暑假去美国的姨母家做客。他从几年前就开始计划这次旅行,一步一步为其做好了准备。但是随着最近汇率大幅上涨,小明的父母陷入了苦恼。因为汇率比几年前所想的要高,所以旅行费用也随之增加了。即便如此,也不能就这样阻止因为要去旅行而兴奋不已的小明……因此,他们想到了"汇率优惠"。因为在最近这样汇率大幅上涨的时期,最需要的就是汇率优惠。

汇率优惠，顾名思义，就是指在计算本国货币和他国货币的兑换比率时，给予特殊优惠。不同银行通过"汇率优惠券""老顾客汇率优惠"等不同方式来吸引想要兑换外汇的顾客。让我们看一下汇率优惠具体是如何使用的，以及享受汇率优惠能获得多大利益吧？

首先，观察当下的汇率，假设目前1美元现值（买卖中间价）1156.20韩元[①]。

但是，要想把货币兑换成美元，要按照购买现金时的汇率而不是按照现值。因此，为了兑换1000美元，可能需要1176.43韩元。而与1000美元的现值相对应的是1156.20韩元。

由此可见，现值与购买现金时的汇率之间

[①] 以2021年1月2日的汇率为准。——编者注

的差价是20.23韩元，对吧？这个差额就是银行常说的手续费。因此，优惠50%的兑换手续费就是指优惠20.23的50%，也就是10.115韩元。

> 兑换货币的手续费＝买现金时的汇率－现值

因此，兑换货币最好的方法就是，汇率下降时到银行去最大限度地享受汇率优惠，这样才能少交手续费。

美元的需求
美元的供给
本地
进口商品并付款
海外旅行经费
支付外籍劳工工资
出口商品收款
在外国的本国劳工领取工资
外国人来旅游
若物价上涨，则出口减少，外汇供给也减少，导致汇率上升。
汇率
物价
若本国货币量增加，则货币贬值，导致购买美元时需要更多本国货币。这种情况也会导致汇率上升。
汇率
投资
外国投资者
若利率水平高于外国，为获得更高利息收入，外国投资者会蜂拥而来。导致外汇供给增加，汇率下降。
高利率
汇率
政治不稳定，货币可能会贬值。
咚
哐
嘈杂
嘈杂
美国的美元稳定！

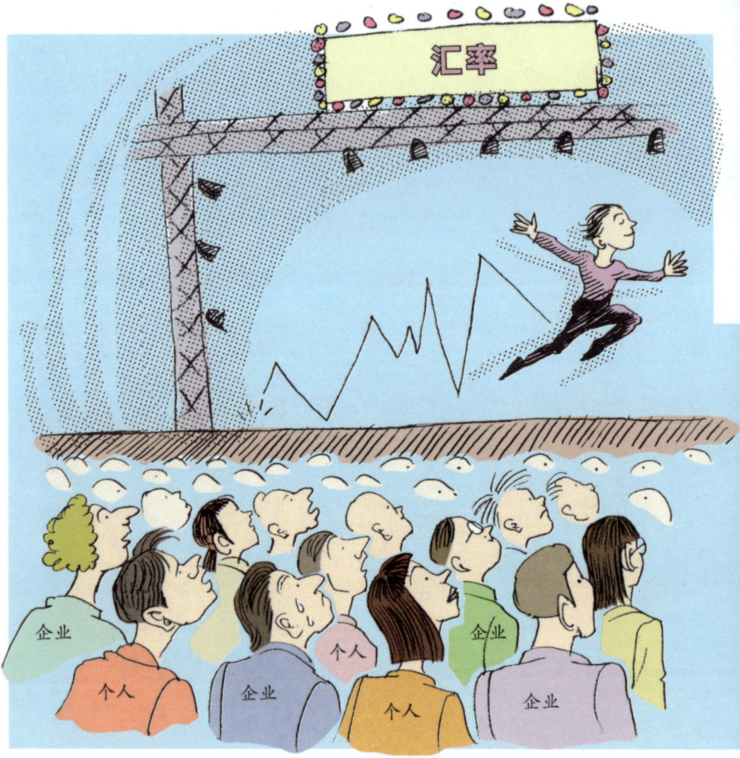
汇率
企业
个人
企业
个人
企业
个人
企业

第四章

汇率变动对经济的影响

汇率变动会引起经常性收支和物价水平等变动,影响整个国家经济。这一讲,我们来进一步了解一下汇率上升和下降的意义,并学习一下汇率变动对经济产生什么样的影响。

汇率上升、汇率下降

汇率变动会对国内进出口企业与国外的贸易产生很大影响。不仅如此，有子女在外国留学的家庭和拥有外汇相关金融产品的人也很关心汇率变动。因此，参与经济活动的主体必然会根据外汇的变动而做出反应。

"我们经常说的汇率上升、汇率变动究竟是什么意思呢？"

当下，美元是世界货币基准，购买1美元

所需的韩元，称为"韩元对美元"汇率，如果购买1美元所需的韩元增多，就说汇率上升；相反，购买1美元所需的韩元减少，就说汇率下降（图4-1）。

1美元=1000韩元 ▶ 1美元=1100韩元	1美元=1000韩元 ▶ 1美元=900韩元
本国货币价值下降 ↓ 韩币贬值	本国货币价值上升 ↓ 韩币升值

图4-1 汇率的上升与下降

如果由购买1美元需要"1000韩元"，变为需要"1100韩元"，就叫作汇率"上升"。目前所说的内容都是已经学过的内容，但有必要详细了解一下。

之前讲到，如果从1美元=1000韩元变为

1美元=1100韩元就叫"汇率上升",对吧?汇率上升意味着韩币贬值。汇率上升之前,进口美国1美元的物品需要1000韩元,但是汇率上升后,要用1100韩元才能买到。这就意为韩元的价值下降,称为"韩元贬值"。

相反,如果从1美元=1000韩元变为1美元=900韩元,就叫"汇率下降"。

汇率下降意味着货币升值。汇率下降之前,进口美国1美元的东西需要1000韩元,但是汇率下降后,仅需要900韩元就能买到。可以看作是韩元的价值上升了。这被称为"韩元升值"。

汇率的上升和下降也和商品的价格一样。之前用简单的图表说明了供求的变动,再把这个和本国货币的价值联系起来说明一下。例

如，如果外国人到本国旅游花很多钱，或者本国企业大量向外国出口，那么国内就流入很多美元，这样想兑换成本国货币的美元就会增多，从而使得货币升值。因此，其对美元的汇率就下降了。相反，如果大量进口或者本国人去外国大量使用美元，那么就需要更多的美元,从而货币贬值。因此导致汇率上升。

汇率带来的外汇需求与供给

汇率越是上升,对外币的需求就会越少。并且,进口商品的价格变贵后,也会变得不好卖,这会导致进口商品的数量越来越少,进口所需的外汇需求也减少了。另外,由于汇率上升,旅行经费随之增加,人们就不会总去海外旅行。1美元=1000韩元时,兑换去海外旅行所需的1000美元只需要100万韩元,但是如果汇率变成1500韩元,就需要150万韩元。因此,若汇率上升,进口和海外旅行都会减少,这进一步导致外汇需求减少,反之亦然。因此,可以看作外汇需求和汇率成反比。在读完下面的故事后,我们再细致讲解与此相关的内容。

小红的愿望是去海外旅行。但是在上大学之前，由于学业等各种原因而难以成行。小红在2008年成了大学生，终于开始享受自由的大学生活。

比起夏天，小红更想在冬天去旅行，为了可以在冬天旅游，小红努力存钱，并收集了很多旅行的相关信息。但是到了该动身的时候，小红确认了一下汇率，吓了一跳。因为在小红计划去旅行的2008年冬天，汇率有了大幅上升。2008年春天还没到呢，汇率就足足上升了30%，这意味着原本100万韩元的预算上升至130万韩元。最终，小红只能含泪放弃了旅行（图4-2）。

但这样一来，美国的查理·布莱恩（Charles Bryan）却高兴得不行。查理平时非常

（韩元）

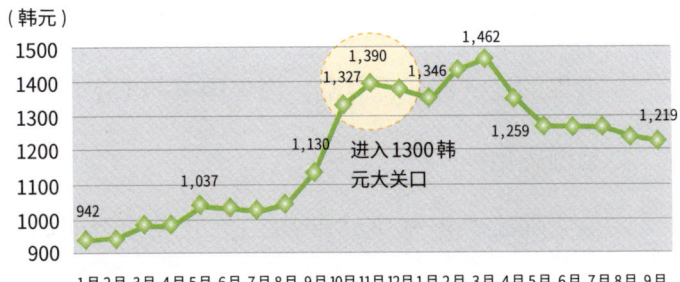

图中数据点：942，1,037，1,130，1,327，1,390，1,346，1,462，1,259，1,219

进入1300韩元大关口

1月 2月 3月 4月 5月 6月 7月 8月 9月 10月 11月 12月 1月 2月 3月 4月 5月 6月 7月 8月 9月
2008年   2009年

出处：韩国统计厅

图4-2　韩元对美元汇率

关注外国文化，计划在2008年冬天去其他国家旅行。随着美元升值，对包括查理·布莱恩在内的美国人来讲利大于弊。因为仅在去年，拿着1000美元才只能兑换100万韩元，但是现在拿着1000美元可以兑换130万韩元。在同样的情况下，查理·布莱恩的心情与小红完全不同，他满是欣喜地放心去旅行了。

通过前面的故事可以很直观地了解汇率变

动对个人生活有着什么样的影响。2008年，全世界的经济都变得混乱，许多国家的汇率情况急剧恶化。

那么，汇率突然变高，会出现什么问题呢？正如之前所学，汇率高意味着买1美元需要更多的本国货币。

汇率发生变化，国内外游客数量会发生很大变化。如果汇率上升，正如上面的故事那样，会有很多本国人不得不放弃国外旅行。如果汇率下降的话，可以花更少的钱去旅游，就没有必要非要在贵的时候去旅游了，对吧？下图表示的是2008年1月至2009年9月真实的月汇率和国内外游客数（图4-3）。

让我们想一想，汇率变化会给经济带来哪些变化？事实上，汇率上升绝对不只影响游客

（韩元）

◆ 韩元对美元汇率	■ 本国人出境
▲ 外来客入境率	

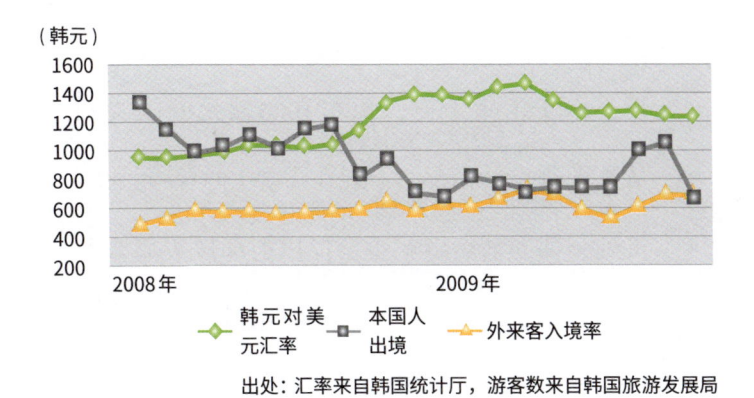

出处：汇率来自韩国统计厅，游客数来自韩国旅游发展局

图4-3 月汇率与国内外游客数

数量。例如，假设把在韩国价值1000韩元的商品A卖到外国，从外国买入价值1美元的商品B。并且，假设汇率从1美元=10韩元上升至1美元=1300韩元，那么，价值为1000韩元的商品A的价格就会从1美元降到0.77美元。如果汇率上升，韩元就会贬值，因此出口到外国的商品价格就会降低。这样一来，就外国消费者而言，可以用更低的价格买到相同的商品，就

第四章 汇率变动对经济的影响 ◆ 89

会想买更多的商品 A。最终使出口量增加。相反，由于汇率上升，原本1000韩元就能买到从外国进口的商品 B，现在需要1300韩元才能买到，韩国消费者就不会像以前那样买那么多了。最终使进口量减少。这对出口商有利。但是这也不只是这么简单的问题。

对于从外国进口材料然后加工后再出口的韩国企业来说，维持适当的汇率十分重要。如果汇率过高，可能有利于出口，但进口原材料就会困难。相反，如果汇率过低，虽然有利于进口原材料，但是出口产品的价格会变高，出口变难。因此，与其无条件地说哪种情况更好，还不如多方面观察各经济领域，得出最合适的结论。

从经济增长和出口企业的就业岗位量来看，如果汇率适当上升，本国的经济状况会进一步好转。汇率上升，出口增加，那么就会扩大生产，从而促进经济增长，创造更多就业岗位。相反，汇率下降，出口减少，那么就会缩小生产，经济增长也会变得缓慢。

再从物价层面来看，如果汇率上升，就不会大量进口，从而导致国内物价上涨。实际上，几年来许多国家物价大幅上涨的原因中，虽然也有国民生产总值增加的原因，但也有因为汇率上升而导致物价不得不提高的因素。

如果汇率上升，外汇市场上外国货币的供给也会增加。因为即使降低国外商品的价格，国内企业也能获利，所以出口商品的价格也会降低。因此，如果汇率上升，出口就会增加，通过出口获得的外汇就会流入国内，导致外汇市场上的供应量增加。另外，如果汇率上升，来本国旅游经费就会降低，使得外国游客增加。综上所述，汇率上升会使外汇市场上的外汇供给增加。

汇率变动与国际收支

汇率变动对国际收支会产生很大影响。国际收支是指在一定时期内一个国家和另一个国家之间所有交易往来中的收入和支出，在这个过程中，汇率是一个重要指标。政府通过分析国际收支来预测经济趋势并制定各种政策。如果将其比作一个家庭的家庭账簿，可能就容易理解了。正如每个家庭的支出和收入都不同，一个国家的经济也是一样。国际收支大体可分为经常收支和资本收支，其中经常收支占了很大比重。经常收支包括商品进出口活动中贸易往来的商品收支和服务收支、所得收支、经常转移收支等。让我们来了解一下我们较为熟知的服务收支。

服务收支表示服务的进出口,而非商品的进出口。我们熟知的海外旅行以及留学相关的项目都是极具代表性的服务进出口商业活动,还有医疗服务、通信服务、保险服务、专利权使用费、法律服务等,以及运输旅客和货物的运输服务。服务收支对经常收支有重大影响。

> 服务收支是指我国国民海外旅行或在电视上看外国模特的广告等进出口服务的收支。

让我们说一下旅游相关的内容。虽然前面也说过,如果汇率下降,海外旅行的负担就会大幅下降。如果汇率从1美元=1000韩元下降到1美元=500韩元,原本打算花费1000美元

第四章 汇率变动对经济的影响

旅行的话，只需要准备50万韩元，而不是100万韩元，也就是说可以半价旅行。如果将100万韩元都兑换了，之前可以换1000美元，汇率下降后可以换2000美元。

"如果汇率下降，海外旅行就会增加，海外消费也会增加，对吗？"

没错。与之相反，在汇率是1000韩元时，来旅游的外国人来韩国旅游只需要带1000美元就可以获得100万韩元，但是如果汇率降到500韩元，就需要准备2000美元才能兑换100万韩元。因此，来韩国旅游的负担加重了。那么外国人就不来旅游了，即使来也会减少消费。

除了旅游，医疗、教育、法律服务等其他服务收支也是一样。如果汇率下降，本国人的海外医疗、教育和法律服务的消费就会增加，

第四章 汇率变动对经济的影响 ◆ 95

相反，外国人的国内医疗、教育、法律服务消费就会减少。最终，汇率下降会增加海外消费，相反，外国人的国内消费会减少，从而扩大服务收支的逆差。反之的情况也可以想象。

商品收支和服务收支在经常收支中占有跟大比重。前面学过的商品进出口都属于这一范围，汇率上升，那么国际收支得到改善，这一点也与此有关。举个例子，假如有家公司制作的名为"小漂亮"的玩具在本国售价是1000韩元。由于汇率是1美元=1000韩元，在美国10美元（10000韩元）可以买10个玩具。但是如果汇率上升至1美元=1100韩元，又会怎样呢？"小漂亮"仍然是1000韩元，但是这时10美元（11000韩元）可以买11个该玩具。就美元而言，这个玩具就变便宜了，所以在美国售卖得更多。即，如果汇率上升，出口就会增加。

韩国如果进口在美国价值为1美元的"大鼻子"玩具，汇率上升前相当于1000韩元。但是，如果汇率上升，虽然在美国仍旧是1美元，但是要用1100韩元才能买到。由于价格变高，在本国就卖得少了。即如果汇率上升，进口就会减少。若汇率下降，则与之相反（图4-4）。

1美元=1000韩元 ➡ 1美元=1100韩元

出口"小漂亮"	1000韩元 10000韩元=10美元 美国：10美元可购买10个	1000韩元 11000韩元=10美元 美国：10美元可购买11个	出口增加
进口"大鼻子"	1美元 10美元=10000韩元 韩国：10美元可购买10个	1美元 10美元=11000韩元 韩国：10个需要11000韩元	进口减少

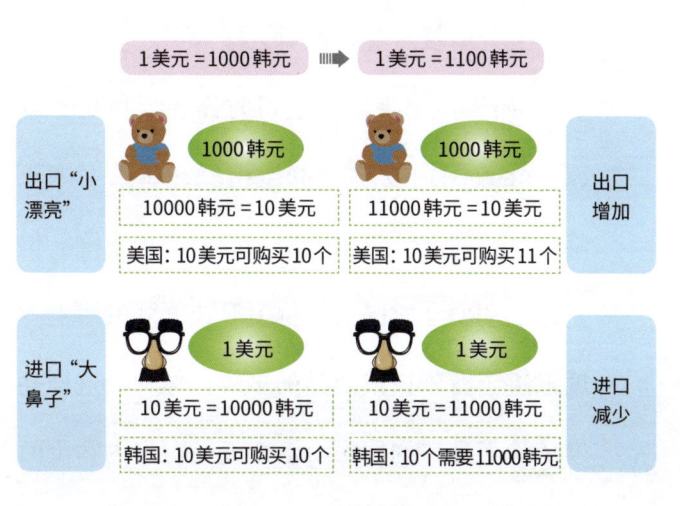

图4-4 汇率与进出口

第四章 汇率变动对经济的影响

前面也已经讲了很多与此相关的内容了，相信大家能够理解。

汇率变动对整体经济的影响

如果汇率上升，进口原材料、零部件等的时候需要花费更多的钱。这一点大家都知道对吧？

"知道！原本1美元的商品只需1000韩元，汇率上升后就需要1100韩元了。"

如果汇率上升，进口时需要支付更多钱款，导致国内物价上涨。相反，如果汇率下降，进口商品的价格下降，国内物价下降。但是，汇率变动对国内物价上升或下降的影响程度取决于海外进口商品的多少。像韩国这样高度依赖于进口的国家，汇率变动对国内物价的影响非常大。另外，如果汇率上升，出口增加，则生产扩大，从而促进经济增长，就业也增加。相反，如果汇率下降，出口就会减少，生产随之减少，经济增长就会趋缓，就业也会变得困难。经济状况随着汇率变动而变动。

但是，大家知道汇率反过来也受经济变动的影响吗？

如果国内经济发展，企业投资欲望就会提高，从而增加资金需求。最终，具有调节国内货币价格功能的利率同时上涨，外国投资者对利率较高的本国金融产品产生兴趣，想要购买这些金融产品的外国投资者不断增加。外国投资者在购买金融产品的过程中需要抛售美元购买本国货币，这种经济活动越是活跃，本国货币就越会升值。另外，经济持续发展，企业生产扩大，提供的商品也不断增多，这些大量生产的商品也会出口销售，国内美元供给就会增加。

因为国内出口商必须将美元兑换成本国货币，这就使其进一步升值。本国经济进一步发展，外国企业就会进军建造工厂，持续供应美元。汇率持续下降。

汇率变动与外债偿还负担

就像个人从银行贷款一样，国家也可以从海外贷款。贷了款就要偿还，这时如果汇率上升，偿还贷款的时候需要支付比贷款时预期的更多的美元，所以负担加重了。

没错。本国人从海外借款后，汇率如果上升，就需要用更多的钱买外国货币进行偿还，因此还款负担加重。相反，如果汇率下降，就可以用较少的钱购买外国货币偿还，因此还款负担还减轻了。观察表4-1会更容易理解。

表4-1 汇率变动与外债偿还负担（以按1美元=12韩元的汇率贷款100万美元为例）

偿还时的汇率（韩元对美元）	偿还金额	备注
1150韩元	11亿5000万韩元	减少5000万韩元
1200韩元	12亿韩元	无增加
1250韩元	12亿5000万韩元	增加5000万韩元

那么如果本国人把钱借给了海外个人或机构的话会怎么样呢？

如果汇率上升，外国货币对应的韩元金额会相应地减少也就因此蒙受损失，如果汇率上升，外国货币对应的韩元金额会相应地增加而获利。

那高汇率好，还是低汇率好呢？

很难用一句话说明哪种更好。因为正如前

文所讲，两种情况都有积极影响和负面影响。但是如果汇率暴跌，经济环境的不确定性就会提高，国际贸易和投资就会萎缩，物价也会上涨，从而导致经济不稳定。因此，汇率最好是在反映基础经济条件的同时趋于稳定。

由此可见，汇率在不知不觉中对我们的生活影响极大。这个概念可能不好理解，并且看起来和自己毫无关联，但是在进口很多商品的韩国，很难不考虑汇率问题。买电脑配件的时候也需要考虑汇率，手机的核心配件要从外国进口，也需要观察汇率。汇率变动意味着巨大全球市场在运转中。每个国家的人既是本国的消费者，也是地球上的消费者。如果考虑到汇率变动，就能进行更明智的消费。

扩展知识

汇率上升的威力

下面介绍一下效力于日本读卖巨人棒球队[①]的李承烨2008年因汇率暴涨而赚了大钱的故事。当时外汇市场动荡,汇率反复暴涨,美元汇率和日元价值也随之暴涨。虽然大多数日本民众都忧心忡忡,但是在国外赚钱的人却不一样。因为外汇汇往国内的汇率收入非常可观。其中最具代表性的人物就是读卖巨人队的李承烨。那么,让我们通过李承烨选手的故事来了解一

[①] 一支隶属日本职业棒球联赛联盟的球队。——编者注

下汇率上升的威力。

李承烨的年薪为6亿日元，是在日本年薪最高的选手之一。如果按汇率换算，李承烨的收入将瞬间暴涨，一年前100日元对韩元的最低汇率是当年7月初的746韩元。如果将6亿日元换算成韩元就是（A）。但是，2008年以来，随着汇率暴涨，100日元对韩元的汇率已经超过了1300韩元，甚至逼近1400韩元。如果按照1300韩元计算的话，李承烨的年薪就是（B）韩元。如果按照1400韩元计算的话，就是（C）韩元。通过表4-2可以得见，仅仅是1年，年薪就足足增长了70%~80%。

当然了，这是李承烨不打算长时间持有日元，而是向韩国国内汇款才能赚到的金额。而这只是1年的年薪差额。因为已经拿到了到9月为止的年薪,所以很难判断到底会有多大的差距。但是,据推测,得益于当时汇率上升,他获得了不小的差价收益。

表4-2 年薪换算表

汇率	年薪(6亿日元)
100日元:746韩元	A:44亿7600万韩元
100日元:1300韩元	B:78亿韩元
100日元:1400韩元	C:84亿韩元

日元汇率下降的时候才是去日本旅行的最佳时机！
100￥=800₩
下降
100￥=700₩
日本
如果日元汇率下降，国内的进口增加，就会产生贸易逆差。
百货商店
现在正是好机会！
进口名牌！
汇率下降
减少出口
生产活动萎缩
就业恶化
失业率上升
经济活动
咚
咚
咚
咚
咚
幸好汇率下降，汇往海外的钱减少了。
留守父亲
如果汇率上升……
出口增加
海外旅行
$
贸易顺差
哇！就业了！
就业增加
但是请记住，汇率上升并不总是好事！

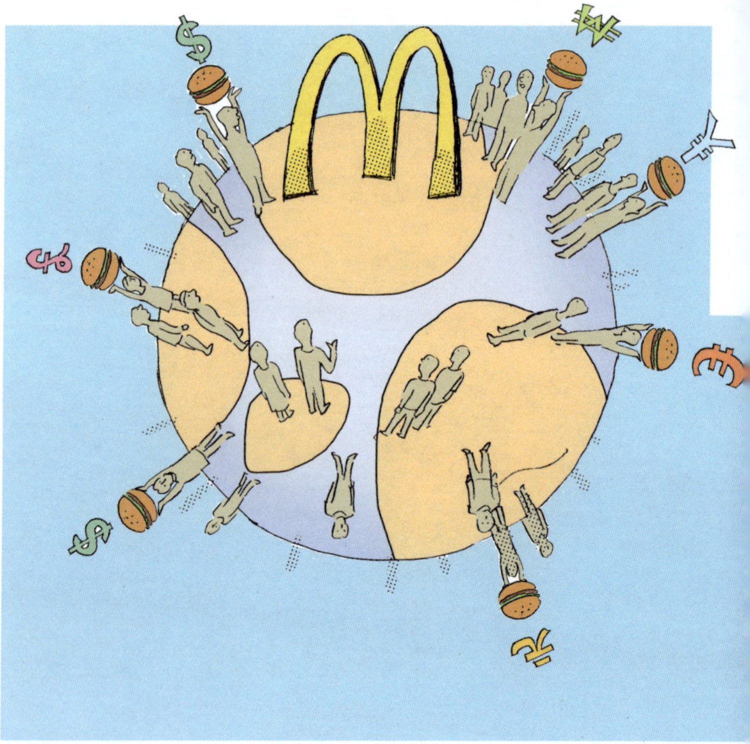

第五章

确定汇率的相关理论

　　大型跨国企业麦当劳的代表商品——巨无霸在经济学上带给了我们重要提示。这一讲，我们来学习一下基于购买力平价理论的"巨无霸指数"吧。

购买力平价理论

终于来到了最后一章。前面我们了解了汇率变动对经济的影响，现在我们来了解一下确定汇率的理论——购买力平价理论和利率平价理论。大家可能会觉得这一章的内容有点难，但是也有像"巨无霸指数"一样熟悉的概念。那么，现在让我们一起仔细了解一下吧。

可能有人会问，目前为止所学的内容都不是汇率理论吗？确实。目前为止，我们了解的

经常交易

国家交易按国际收支计算分为经常交易和资本交易，经常交易是指资本交易以外的部分。包括商品的进出口、运输、物物交换等。

是汇率相关的整体概念，把简介的重点放在了影响外汇需求和供给的不同的要素上。其实，确定汇率本身也有着不同的理论。其中，购买力平价理论认为，国家间的商品和服务交易——经常交易对确定汇率起到主要作用。

根据购买力平价理论，因为，相同的商品不管在哪个国家都是相同的价格水平，所以汇率取决于两国货币的购买力差异。我在《1914年以后的货币与外汇》一书中第一次提出了这一观点。

但事实上，即使是相同的商品，在不同的国家价格也不同。但是如果不同国家以不同的价格交易，就会发生从价格低的国家购买后在价格高的国家销售的差价。通过倒卖，原本价格低的国家商品价格上升，原本价格高的国家商品价格降低，最终，相同的商品在任何国家价格都变得一样，也就形成了一物一价的法则，汇率也由此决定，这可以说就是购买力平价理论的亮点。

但是由于国家间商品流动时也需要不少运输成本以及时间成本，因此在现实生活中，一物一价这一法则很难成立，购买力平价理论虽然适合解释汇率的长期趋势，但是在解释短期变动时有一定的局限性。"巨无霸指数"和"星巴克指数"是使用购买力平价理论的代表性例子。

巨无霸指数

国家间有种适度汇率。适度汇率和实际汇率之所以不同，是因为在现实中实时变动的汇率

> 如果把在世界120多个国家售卖的巨无霸价格换算成本国货币，就可以得知哪个国家的巨无霸最便宜。

无法如实反映国家的经济状况。所以，为了了解适度汇率和实际汇率的关系，"巨无霸指数"出现了，也被称为购买力平价汇率。

哈哈，巨无霸不是麦当劳一种汉堡的名字吗？

麦当劳汉堡

是的。"巨无霸指数"是将几乎所有国家都有的麦当劳汉堡——巨无霸的价格换算成美元后进行比较的指数，这也可以看作是基于购买力的汇率确定法。前面也学到过，按照购买力平价理论，汇率取决于两种货币之间的购买力差异。1986年，英国的《经济学人》杂志做了与此相关的有趣实验。

当时，麦当劳是世界连锁品牌，以几乎相同的价格向全世界供应标准化商品。该实验调查麦当劳汉堡在各国的实际售价，计算实际汇率和购买力平价汇率究竟有多大差距。简单来讲，就是"美国的巨无霸价格除以其他国家的巨无霸价格，得出的结果就是该国家适当的汇率"。

举例来说，2010年3月巨无霸在韩国的价格是3400韩元，在美国是3.58美元。外汇市场上的市场汇率（以2010年3月16日的汇率为基准）是1美元=1133韩元。那么按照市场汇率，韩国的巨无霸价格是多少美元呢？

3400韩元除以1133韩元，大约是3美元。如果两国的巨无霸品质一样，与美国人相比，韩国人买的巨无霸更便宜一些。

换句话说就是，市场汇率意味着韩元被

低估
个人或法人的有经济价值的有形、无形财产的市场价格低于实际价值。

低估了。如果以巨无霸的购买力为基准,韩元对美元汇率应该定为使两国价格持平的1美元=950韩元(3.58美元=3400韩元)。如果按购买力计算,1美元应该兑换950韩元,但是外汇市场上1美元兑换1133韩元,所以与美元相对比,韩元是被低估了。被低估的程度约是16.2%。

就像这样,"巨无霸指数"是使各国的巨无霸价格和美国的巨无霸价格相同的汇率,如果实际汇率低于"巨无霸指数",就表示该国的货币被高估了,相反,如果实际汇率高于"巨无霸指数",就表示被低估了(图5-1)。

那么,如表5-1中,哪个地方的巨无霸卖得最贵?

表5-1 各国的巨无霸指数

• 巨无霸指数（2010年3月）

巨无霸价格		巨无霸指数 (A/3.58)	市场汇率（2010年3月16日为基准）	
当地价格（A）	换算成美元价格（元）			
40挪威克朗	6.87	11.17	5.83	挪威
6.5瑞士法郎	6.16	1.82	1.06	瑞士
3.36欧元	4.62	0.94	0.73	欧洲
4.12加拿大元	4.06	1.15	1.01	加拿大
4.35澳元	3.98	1.22	1.09	澳大利亚
720福林	3.75	201	192	匈牙利
5.65里拉	3.71	1.58	1.52	土耳其
3.58美元	3.58	—	—	美国
320日元	3.54	89.4	90.4	日本
2.29英镑	3.48	0.64	0.66	英国
3400韩元	3.00	950	1,133	韩国
11迪尔汗	2.99	3.07	3.67	阿联酋
10里亚尔	2.67	2.79	3.75	沙特阿拉伯
32比索	2.56	8.94	12.5	墨西哥
18兰特	2.44	5.03	7.37	南非
70卢布	2.39	19.6	29.3	俄罗斯
130埃及镑	2.37	3.63	5.48	埃及
20,900卢比	2.28	5.638	9,160	印度尼西亚
70铢	2.16	19.6	32.4	泰国
7.04马来西亚林吉特	2.12	1.97	3.32	马来西亚
12.5元	1.83	3.49	6.83	中国

第五章 确定汇率的相关理论

注：出处为 The Economist Online, 2010.3.17

图5-1 与美元相比被低估(-)/被高估(+)，%

挪威卖得最贵，是6.87美元。中国卖得最便宜，是1.83美元。

计算"巨无霸指数"后再和市场汇率比较，

可以得知挪威的克朗被高估最多（91.8%），中国的人民币最被低估（48.9%）。

星巴克指数

但是近来常有人分析认为快餐是成人亚健康的主要诱因，所以汉堡的销量在逐渐下降，正因如此，最近"星巴克指数"比"巨无霸指数"更受瞩目。

星巴克也是全球连锁。为了了解实际汇率与适度汇率的关系，也可以利用星巴克菜单中畅销的中杯拿铁的价格，也叫"拿铁指数"。虽

星巴克拿铁

然过去最具代表性的是"巨无霸指数"，但是汉堡销售逐渐萎缩，各国纷纷打折，所以近来"星巴克指数"更受认可。

如果在美国一杯星巴克中杯拿铁的售价是3美元，在韩国是3600韩元，那么理论上的均衡汇率是1美元=1200韩元。

但如果实际汇率是"1美元=1000韩元"，那么韩国拿铁的售价就高于美国。因为在韩国需要花3000韩元才能买到一杯中杯拿铁。根据该理论，现在汇率是1美元=100韩元，所以可以算出韩元被高估了200韩元。即，可以解释为汇率会进一步上升。

利率平价理论

接下来让我们来了解一下利率平价理论。

影响汇率的不仅是国家间的经常交易，资本交易也会对汇率产生很大影响。之前讲过，如果购买外国的房地产或者股票等资产，外汇需求就会增加，大家还记得吗？

近年来的资本交易在规模和增长率上都绝对性地压倒了经常交易，人们普遍认为短期的汇率变动主要取决于这种资本交易。根据利率的变化来说明汇率变动的理论被称为利率平价理论。根据利率平价理论，国家间的利率差异通过资本交易影响外汇的需求和供给。即，如果国内利率高于其他国家的利率，本国金融资产的投资利润率就会高于外国金融资产的投资利润率，为了投资本国金融资产，外汇供给就会增加，汇率就会下降。相反，如果国内利率低于外国利率，国内金融产品的魅力也会下降，那么海外投资就会增加，对外汇的需求也会增加，汇率可能就会上升（图5-2）。

利润率
是指在一定期间内拥有特定资产而获得的利润在投资金额中所占的比率。

```
[国内利率] > [国外利率]          [国内利率] < [国外利率]

[本国金融资产的投资利润率] > [外国金融资产的投资利润率]    [本国金融资产的投资利润率] < [外国金融资产的投资利润率]

为了投资本国金融资产，外汇供给增加，汇率下降          本国人的海外投资增加，外汇需求增加，汇率上升
```

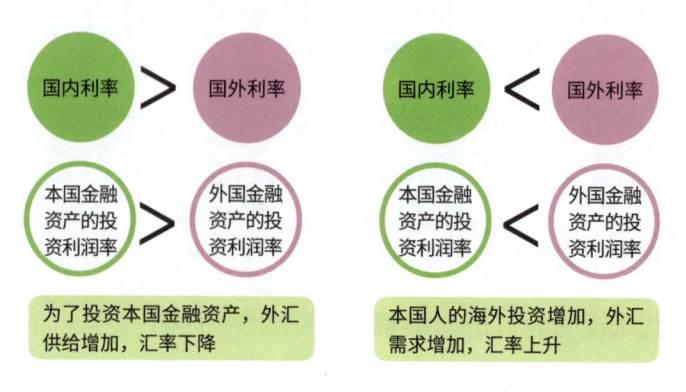

图5-2　汇率的变动影响

但是在此基础上，汇率的变动会对海外投资的利润率本身产生影响，因此利率变化和汇率变动的两种影响都要考虑到。

汇率变动带来的个人与企业损益

汇率因各种因素而实时变动，影响着有外汇资产或负债的个人、企业、金融机构等的损益。因为很难正确预测汇率变动，所以研究如

何规避汇率变动带来的损失才是明智之举。那么如何规避呢？接下来，让我们了解一下如何防止汇率变动造成损失。

> **负债**
> 指承担欠下的经济债务的义务。具有和资产相反的特点。

例如，在汇率是1美元＝1200韩元时，韩国出口商向美国出口价值为100万美元的汽车，合同明确一个月后收款。一个月后如果汇率还是1美元＝1200韩元，那么就和签订合同时一样，会收到12亿韩元（100万美元×1200韩元＝12亿韩元），但是，如果一个月后汇率下降至1美元＝1150韩元，就只能收到11亿5000万韩元，这就损失了5000万韩元〔（1200－1150）韩元×100万美元〕。这时的损失叫汇兑损失。相反，如果汇率上升至1美元＝1250韩元，就能收到

12亿5000万韩元,这就获利了5000万韩元[(1250-1200)韩元×100万美元]。这叫作汇兑利益。

汇兑利益是随汇率变动产生的利益,汇兑损失是随汇率变动产生的损失。

那么,如果汇率下降,出口商就不满意,如果汇率上升,出口商就会十分开心,其中的理由大家也都知道了。像这样,汇率的上升和下降影响着个人和企业的损益,特别是近来由于外汇发展自由化,民间的外汇持有和交易也正在增加,因汇率变动而蒙受损失的可能性也在相应地增大。

如果能准确预测汇率变动趋势,就可以避免蒙受损失,并且获取利益。但是,事实上,即使是专家也很难准确预测汇率走向。因此,没有专业知识的个人和企业，不如转而研究如何规避汇率变动造成的损失。

规避汇率风险的远期外汇交易

为了规避汇率变动造成的损失，即规避汇率风险，可以利用远期外汇交易、货币期货、货币期权交易以及汇率变化保险等。都是专业的术语，对吧？其中韩国最常用的是远期外汇交易。

为了解释远期外汇交易，让我们先暂时站在出口企业老板的立场上。假设，该企业决定向美国出口价值为100万美元的产品，6个月后才能收到货款。按照现在的汇率1美元＝1000韩元计算，销售额可以达到10亿韩元。但是无法预测汇率会如何变动。如果汇率上升至1500

韩元，那就很幸运，销售额可以上升至15亿韩元，但是如果与之相反，汇率下降至50韩元，销售额就会减少至5亿韩元，减少一半。要想制定明年的经营计划或向银行贷款，必须得明确我们公司的销售额，但是这样根本无法确定。

这种情况下就要用"远期外汇"。"远期外汇"可以减轻进出口企业的这种负担。远期外汇交易是指，提前锁定在未来一定时期内接收或支出的汇率价格，以此规避未来汇率变动造成的损失。企业在可能获得收益或蒙受损失时，比起追求利益，往往更关心如何防止损失。因为只有这样才能稳定经营。因此，与其追求6个月后销售额达到15亿韩元，还不如避免销售额减少到5亿韩元的风险。这时，远期

第五章　确定汇率的相关理论　◆　127

外汇虽然会消除获利的可能，但可以规避风险，实现稳定经营。

举个例子，进口商在汇率是1美元=1200韩元时从美国进口了橙子，并约定3个月后以美元支付货款。

如果3个月后汇率上升至1美元=1200韩元以上，换算成韩元的货款就会增加，从而蒙受损失。但是，进口商为了避免汇率上升至1200韩元以上而造成损失，事先签订3个月到期的远期外汇合同，明确3个月后按照1美元=1200韩元的汇率进口，即使3个月后汇率上升，货款也是没变化的。

将上述内容整理为表5-2，仔细观察一下就理解了。如果不签订有关进口货款的远期外汇合同，就会蒙受5000万韩元的损失。

表5-2 远期外汇合同带来的进口货款损益变动(举例)

损益变动	日期	汇率	进口货款	损益
签订进口合同时	2002年1月10日	1200	12亿	
未签订远期外汇合同时(支付进口货款时,3个月后)	2002年4月10日	1250	12亿5000万	损失5000万韩元
签订远期外汇合同时(支付进口货款时,3个月后)	2002年4月10日	1250	12亿	

除了通过和金融机构的交易来规避汇率风险,个人和企业也可以自行规避汇率风险。例如,个人和企业为了规避汇率风险,可以使收取和支付外国货币的时间一致,或者提前或推迟交付时间等。

出口商如果预测汇率会上升,可以尽可能

> **收取**
> 意为接收,可以和"接收"互换使用。反义词是"支付"。

第五章 确定汇率的相关理论 129

> **出口汇票**
> 指贸易汇票中为了结算出口交易而使用的汇票种类。此汇票是指发行人委托第三方在一定的日期内支付给持有该汇票的人一定金额的票据。
>
> **汇率变动保险**
> 为了补偿汇率变动带来的损失而成立的保险。

推迟出口商品的装运日期或出口汇票的交付期，从而获利。进口商则相反，进口商需要尽可能提前支付，从而减轻支付货款的负担。

像这样，个人或企业管理汇率风险的方法有很多种，近期种类也越来越多，技巧也越来越多。只是，为了使用这些方法，必须掌握管理汇率风险的专门知识，这方面知识不足的个人或中小企业，比起自行管理汇率风险，还是借助金融机构或者简单的汇率变动保险更可靠。

扩展知识

汇率万花筒

在哪里能以最便宜的价格买到韩国商品？没错，在韩国。那么在哪里能以最便宜的价格买到日本商品？是的，正是在日本。因为在他国购买会有商品流通时花费的运费成本和往返于国家间的关税成本等。事实上，如果进口在外国售价约为1000韩元的商品，在本国售卖时要再附加上运费、利润等，售价可能会达到1600韩元、1700韩元之多。

但是在实际经济生活中，会发生推翻这种

各国的货币单位

一般认知的事情。不如举个例子？据说，2009年日本人想要购买日本生产的游戏机时，在韩国购买却比在日本更划算。

怎么会发生这种事情呢？正是因为"汇率"。在2008年初之前，日元汇率还是1:10时，韩国大量进口了日本游戏机。但是2008年下半年以后，日元汇率迅速上涨至1:16。结果是在2008年，将1000日元兑换成韩元时，大约能兑换1万韩元，到了2009年就变成了1万6000韩元。

日本人要想在日本购买游戏机，需要花费2万日元，而在售价为25万韩元的韩国，只需15620日元就能买到，大约便宜4400日元。有了这层"汇率"的因素，为了以更便宜的价格买到本国商品，甚至可以前往其他国家购买。

按汇率计算“巨无霸指数”吧？韩国的巨无霸价格3300韩元除以3.1美元，是1064韩元左右。
= 韩国3300韩元
= 美国3.1美元
1064.5163韩元
实际汇率是1美元 = 1100韩元，可以得知没有太大差异，韩元既没被低估，也没被高估。
实际汇率
1美元 = 1100韩元
1100₩
1064₩
评价
日本
韩国
中国
要在韩国投资！
由于利率差异，汇率可能大幅变动。
日本
中国
美国
我也要在外国投资！
如果海外投资增加，则对外汇的需求增加，最终汇率上升！
由于汇率变动，进出口企业的盈利也有很大差异。
进出口企业
签订合同时
1美元 = 1000韩元
收取货款时
1美元 = 900韩元
下降
因此，可以通过签订远期外汇合同来提前规避汇率变动带来的损失。
变幻莫测的汇率，像这样被定好。
远期外汇合同

结语

汇率是学习经济的开始

汇率与我们的生活密切相关，因为经济活动并不仅限于国内。而且，由于国际贸易会对国内经济产生巨大影响，所以也会给民众的生活带来不小的变化。去海外旅行或者偿还从其他国家借来的钱，又或者打算和其他国家进行交易时，都需要相应国家的货币。外国的货币需要和普通物品一样也需要花钱购买，这种行为叫作兑换货币，兑换中本国货币和他国货币的兑换比率叫作汇率。通常将汇率定义为"兑换1美元所需的韩元",表示为"韩元对美元汇率"。汇率从1美元＝1200韩元上升至1美元＝1300韩元的意思是,原本购买1美元需要1200韩元,但现在需要1300韩元。简单来讲就是,外国货币的价格(价值)上升,同时本国货币贬值。汇率和韩元价值的变动方向正好相反。

那么汇率是如何被确定的呢?汇率也和一般商品一样,由市场上的供求关系决定。也就是取决于外汇市场上外汇(美元)的需求和供给。如果进口增加或者打算去海外旅行的人增多,那么美元需求增加,汇率就会上升;如果来韩国旅游的外国人增多或者本国企业通过出口赚取了大量美元,那么美元供给增加,汇率就会下降。

特别是，汇率直接影响与外国有贸易往来的人。如果汇率从1美元=1200韩元上升至1美元=1300韩元，出口价值1万美元的物品，再将收到的美元转换成韩元，出口商的总收入将从原来的1200万韩元增加至1300万韩元。相反，需要支付进口货款的进口商可能蒙受损失。

政府和一般个人也会受汇率影响。如果汇率上升，必须用美元偿还的外债负担就会增加，留学和海外旅行的成本也会增加，则出境者减少，入境者增加。

事实上，钱本身并不是固定的，只是购买物品或者服务的手段而已。因此，一定要知道钱上面的数字不过只是数字而已。即使是一样的1000韩元，随着物价的不同和汇率的不同，其实际价值也不同。

可能存在的情况是，虽然几年前1000韩元可以买两袋拉面，现在却只能买一袋。

虽然货币面值一样，但是实际价值下降了。这个例子中时间跨度较大，可能比较容易理解，但是在看这篇文章的这一瞬间，各位钱包里的1000韩元纸币的价值也在时刻发生变化。无论是基于物价还是汇率。

虽然看似简单，但是一边关注这种变化莫测的货币价值变动，一边对各种经济学常识进行训练，这对理解经济现象以及守护自己的钱包而言十分重要。

大家读完这本书后已经成了能比以前明智地进行经济活动、更合理地做决策、更有逻辑地思考的经济人。从这本书中获得的经济知识

升值
拉面
拉面
1000韩元
贬值
拉面
钱的价值随物价和汇率而变化。所以要在既定的经济状况中努力做出最合理的选择。
用1000韩元买什么呢?
1000韩元

将帮助各位的人生。各位的经济旅行不会到此结束，在日后的社会生活中也将会得到延续。了解了经济知识的各位会比别人更清醒、更获益、更安全、更有效率地享受经济人生之旅。